6 am

7

8

9

10

11

12 pm

1

2

3

4

5

6

7

8

exercise goals

Eat This Not That

Victories of Day

6 am	Eat This Not That
7	
8	
9	
10	
11	
12 pm	
1	Victories of Day
2	
3	
4	
5	
6	
7	
8	

exercise goals

6 am	
7	
8	
9	
10	
11	
12 pm	
1	
2	
3	
4	
5	
6	
7	
8	

Eat This Not That

Victories of Day

exercise goals

6 am	Eat This Not That
7	
8	
9	
10	
11	
12 pm	
1	
2	Victories of Day
3	
4	
5	
6	
7	
8	

exercise goals

6 am	
7	
8	
9	
10	
11	
12 pm	
1	
2	
3	
4	
5	
6	
7	
8	

Eat This Not That

_____

_____

_____

_____

_____

Victories of Day

_____

_____

_____

_____

_____

_____

_____

_____

exercise goals

_____

_____

_____

_____

_____

6 am	Eat This Not That
7	_____
8	_____
9	_____
10	_____
11	_____
12 pm	
1	Victories of Day
2	_____
3	_____
4	_____
5	_____
6	_____
7	_____
8	_____

exercise goals

_____

_____

_____

6 am	
7	Eat This Not That
8	
9	
10	
11	
12 pm	
1	
2	Victories of Day
3	
4	
5	
6	
7	
8	

exercise goals

6 am	
7	
8	
9	
10	
11	
12 pm	
1	
2	
3	
4	
5	
6	
7	
8	

Eat This Not That

_____

_____

_____

_____

_____

Victories of Day

_____

_____

_____

_____

_____

_____

exercise goals

_____

_____

_____

_____

_____

_____

6 am

7

8

9

10

11

12 pm

1

2

3

4

5

6

7

8

exercise goals

Eat This Not That

Victories of Day

6 am	
7	
8	
9	
10	
11	
12 pm	
1	
2	
3	
4	
5	
6	
7	
8	

Eat This Not That

_____

_____

_____

_____

_____

Victories of Day

_____

_____

_____

_____

_____

_____

_____

_____

exercise goals

_____

_____

_____

6 am	
7	
8	
9	
10	
11	
12 pm	
1	
2	
3	
4	
5	
6	
7	
8	

Eat This Not That

_____

_____

_____

_____

_____

Victories of Day

_____

_____

_____

_____

_____

_____

_____

_____

_____

exercise goals

_____

_____

_____

_____

_____

_____

6 am	Eat This Not That
7	
8	
9	
10	
11	
12 pm	
1	Victories of Day
2	
3	
4	
5	
6	
7	
8	

exercise goals

6 am	Eat This Not That
7	
8	
9	
10	
11	
12 pm	
1	Victories of Day
2	
3	
4	
5	
6	
7	
8	

exercise goals

6 am		Eat This Not That
7		
8		
9		
10		
11		
12 pm		
1		Victories of Day
2		
3		
4		
5		
6		
7		
8		

exercise goals

Time	
6 am	
7	
8	
9	
10	
11	
12 pm	
1	
2	
3	
4	
5	
6	
7	
8	

Eat This Not That

_____

_____

_____

_____

_____

Victories of Day

_____

_____

_____

_____

_____

_____

_____

exercise goals

_____

_____

_____

_____

_____

_____

_____

6 am	Eat This Not That
7	
8	
9	
10	
11	
12 pm	
1	Victories of Day
2	
3	
4	
5	
6	
7	
8	

exercise goals

6 am	Eat This Not That
7	
8	
9	
10	
11	
12 pm	
1	Victories of Day
2	
3	
4	
5	
6	
7	
8	

exercise goals

6 am	
7	
8	
9	
10	
11	
12 pm	
1	
2	
3	
4	
5	
6	
7	
8	

Eat This Not That

_____

_____

_____

_____

Victories of Day

_____

_____

_____

_____

_____

exercise goals

_____

_____

_____

_____

_____

6 am	Eat This Not That
7	
8	
9	
10	
11	
12 pm	
1	Victories of Day
2	
3	
4	
5	
6	
7	
8	

exercise goals

6 am	
7	
8	
9	
10	
11	
12 pm	
1	
2	
3	
4	
5	
6	
7	
8	

Eat This Not That

_____
_____
_____
_____
_____

Victories of Day

_____
_____
_____
_____
_____
_____
_____
_____
_____
_____

exercise goals

_____
_____
_____

6 am	Eat This Not That
7	
8	
9	
10	
11	
12 pm	
1	Victories of Day
2	
3	
4	
5	
6	
7	
8	

exercise goals

6 am		Eat This Not That
7		
8		
9		
10		
11		
12 pm		
1		Victories of Day
2		
3		
4		
5		
6		
7		
8		

exercise goals

6 am	Eat This Not That
7	
8	
9	
10	
11	
12 pm	
1	Victories of Day
2	
3	
4	
5	
6	
7	
8	

exercise goals

6 am	
7	
8	
9	
10	
11	
12 pm	
1	
2	
3	
4	
5	
6	
7	
8	

Eat This Not That

_____

_____

_____

_____

_____

Victories of Day

_____

_____

_____

_____

_____

_____

_____

_____

exercise goals

_____

_____

_____

Time	
6 am	
7	
8	
9	
10	
11	
12 pm	
1	
2	
3	
4	
5	
6	
7	
8	

Eat This Not That

_____

_____

_____

_____

Victories of Day

_____

_____

_____

_____

_____

_____

_____

_____

exercise goals

_____

_____

_____

6 am	
7	
8	
9	
10	
11	
12 pm	
1	
2	
3	
4	
5	
6	
7	
8	

Eat This Not That

_____

_____

_____

_____

_____

Victories of Day

_____

_____

_____

_____

_____

_____

_____

_____

_____

_____

exercise goals

_____

_____

_____

6 am	
7	Eat This Not That
8	
9	
10	
11	
12 pm	
1	
2	Victories of Day
3	
4	
5	
6	
7	
8	

exercise goals

6 am		Eat This Not That
7		
8		
9		
10		
11		
12 pm		
1		
2		Victories of Day
3		
4		
5		
6		
7		
8		

exercise goals

6 am	
7	
8	
9	
10	
11	
12 pm	
1	
2	
3	
4	
5	
6	
7	
8	

Eat This Not That

Victories of Day

exercise goals

6 am	
7	
8	
9	
10	
11	
12 pm	
1	
2	
3	
4	
5	
6	
7	
8	

Eat This Not That

_____

_____

_____

_____

_____

Victories of Day

_____

_____

_____

_____

_____

_____

_____

_____

_____

exercise goals

_____

_____

_____

6 am	Eat This Not That
7	
8	
9	
10	
11	
12 pm	
1	Victories of Day
2	
3	
4	
5	
6	
7	
8	

exercise goals

6 am	**Eat This Not That**
7	_____
8	_____
9	
10	_____
11	_____
12 pm	
1	**Victories of Day**
2	
3	_____
4	_____
5	_____
6	_____
7	_____
8	_____

exercise goals

_____

_____   _____

_____   _____

6 am	Eat This Not That
7	
8	
9	
10	
11	
12 pm	
1	Victories of Day
2	
3	
4	
5	
6	
7	
8	

exercise goals

6 am	
7	
8	
9	
10	
11	
12 pm	
1	
2	
3	
4	
5	
6	
7	
8	

Eat This Not That

_____

_____

_____

Victories of Day

_____

_____

_____

_____

_____

_____

_____

_____

exercise goals

_____

_____

_____

Time		Eat This Not That
6 am		
7		
8		
9		
10		
11		
12 pm		
1		Victories of Day
2		
3		
4		
5		
6		
7		
8		

exercise goals

6 am	Eat This Not That
7	
8	
9	
10	
11	
12 pm	
1	Victories of Day
2	
3	
4	
5	
6	
7	
8	

exercise goals

6 am	Eat This Not That
7	
8	
9	
10	
11	
12 pm	
1	Victories of Day
2	
3	
4	
5	
6	
7	
8	

exercise goals

6 am	Eat This Not That
7	
8	
9	
10	
11	
12 pm	
1	Victories of Day
2	
3	
4	
5	
6	
7	
8	

exercise goals

6 am	Eat This Not That
7	
8	
9	
10	
11	
12 pm	
1	Victories of Day
2	
3	
4	
5	
6	
7	
8	

exercise goals

6 am	Eat This Not That
7	
8	
9	
10	
11	
12 pm	
1	Victories of Day
2	
3	
4	
5	
6	
7	
8	

exercise goals

6 am	
7	
8	
9	
10	
11	
12 pm	
1	
2	
3	
4	
5	
6	
7	
8	

Eat This Not That

_____

_____

_____

_____

Victories of Day

_____

_____

_____

_____

_____

_____

_____

_____

exercise goals

_____

_____

_____

6 am	Eat This Not That
7	
8	
9	
10	
11	
12 pm	
1	Victories of Day
2	
3	
4	
5	
6	
7	
8	

exercise goals

6 am	Eat This Not That
7	
8	
9	
10	
11	
12 pm	
1	Victories of Day
2	
3	
4	
5	
6	
7	
8	

exercise goals

6 am	Eat This Not That
7	
8	
9	
10	
11	
12 pm	
1	Victories of Day
2	
3	
4	
5	
6	
7	
8	

exercise goals

		Eat This Not That
6 am		
7		
8		
9		
10		
11		
12 pm		
1		Victories of Day
2		
3		
4		
5		
6		
7		
8		

exercise goals

6 am	
7	
8	
9	
10	
11	
12 pm	
1	
2	
3	
4	
5	
6	
7	
8	

Eat This Not That

_____

_____

_____

_____

Victories of Day

_____

_____

_____

_____

_____

_____

_____

_____

_____

exercise goals

_____

_____

_____

_____

_____

_____

Time		
6 am		Eat This Not That
7		
8		
9		
10		
11		
12 pm		
1		Victories of Day
2		
3		
4		
5		
6		
7		
8		

exercise goals

6 am	
7	
8	
9	
10	
11	
12 pm	
1	
2	
3	
4	
5	
6	
7	
8	

Eat This Not That

_____

_____

_____

_____

_____

Victories of Day

_____

_____

_____

_____

_____

_____

_____

_____

exercise goals

_____

_____

_____

6 am	Eat This Not That
7	
8	
9	
10	
11	
12 pm	
1	Victories of Day
2	
3	
4	
5	
6	
7	
8	

exercise goals

6 am	
7	
8	
9	
10	
11	
12 pm	
1	
2	
3	
4	
5	
6	
7	
8	

Eat This Not That

_____

_____

_____

_____

_____

Victories of Day

_____

_____

_____

_____

_____

_____

_____

_____

_____

exercise goals

_____

_____

_____

6 am

7

8

9

10

11

12 pm

1

2

3

4

5

6

7

8

Eat This Not That

_____

_____

_____

_____

Victories of Day

_____

_____

_____

_____

_____

_____

_____

_____

_____

exercise goals

_____

_____

_____

Time		Eat This Not That
6 am		
7		
8		
9		
10		
11		
12 pm		
1		Victories of Day
2		
3		
4		
5		
6		
7		
8		

exercise goals

6 am	
7	Eat This Not That
8	
9	
10	
11	
12 pm	
1	
2	Victories of Day
3	
4	
5	
6	
7	
8	

exercise goals

6 am	
7	
8	
9	
10	
11	
12 pm	
1	
2	
3	
4	
5	
6	
7	
8	

Eat This Not That

_____

_____

_____

_____

Victories of Day

_____

_____

_____

_____

_____

_____

exercise goals

_____

_____

_____

_____

_____

_____

6 am

7

8

9

10

11

12 pm

1

2

3

4

5

6

7

8

exercise goals

Eat This Not That

Victories of Day

Time		
6 am		Eat This Not That
7		
8		
9		
10		
11		
12 pm		
1		
2		Victories of Day
3		
4		
5		
6		
7		
8		

exercise goals

6 am	Eat This Not That
7	
8	
9	
10	
11	
12 pm	
1	Victories of Day
2	
3	
4	
5	
6	
7	
8	

exercise goals

6 am	Eat This Not That
7	
8	
9	
10	
11	
12 pm	
1	Victories of Day
2	
3	
4	
5	
6	
7	
8	

exercise goals

Time	
6 am	
7	
8	
9	
10	
11	
12 pm	
1	
2	
3	
4	
5	
6	
7	
8	

Eat This Not That

_____

_____

_____

_____

Victories of Day

_____

_____

_____

_____

_____

_____

_____

exercise goals

_____

_____

_____

_____

_____

_____

6 am	Eat This Not That
7	
8	
9	
10	
11	
12 pm	
1	Victories of Day
2	
3	
4	
5	
6	
7	
8	

exercise goals

6 am	Eat This Not That
7	
8	
9	
10	
11	
12 pm	
1	Victories of Day
2	
3	
4	
5	
6	
7	
8	

exercise goals

6 am	
7	
8	
9	
10	
11	
12 pm	
1	
2	
3	
4	
5	
6	
7	
8	

Eat This Not That

_____

_____

_____

_____

_____

Victories of Day

_____

_____

_____

_____

_____

_____

_____

exercise goals

_____

_____

_____

_____

_____

_____

_____

6 am	
7	
8	
9	
10	
11	
12 pm	
1	
2	
3	
4	
5	
6	
7	
8	

Eat This Not That

Victories of Day

exercise goals

6 am	
7	
8	
9	
10	
11	
12 pm	
1	
2	
3	
4	
5	
6	
7	
8	

Eat This Not That

_____

_____

_____

_____

Victories of Day

_____

_____

_____

_____

_____

_____

_____

exercise goals

_____

_____

_____

_____

_____

_____

Time		
6 am		Eat This Not That
7		
8		
9		
10		
11		
12 pm		
1		Victories of Day
2		
3		
4		
5		
6		
7		
8		

exercise goals

6 am	Eat This Not That
7	
8	
9	
10	
11	
12 pm	
1	Victories of Day
2	
3	
4	
5	
6	
7	
8	

exercise goals

6 am	Eat This Not That
7	
8	
9	
10	
11	
12 pm	
1	Victories of Day
2	
3	
4	
5	
6	
7	
8	

exercise goals

6 am	
7	
8	
9	
10	
11	
12 pm	
1	
2	
3	
4	
5	
6	
7	
8	

Eat This Not That

_____

_____

_____

_____

_____

Victories of Day

_____

_____

_____

_____

_____

_____

exercise goals

_____

_____

_____

_____

_____

_____

6 am	
7	
8	
9	Eat This Not That
10	
11	
12 pm	
1	
2	Victories of Day
3	
4	
5	
6	
7	
8	

exercise goals

6 am	Eat This Not That
7	
8	
9	
10	
11	
12 pm	
1	Victories of Day
2	
3	
4	
5	
6	
7	
8	

exercise goals

6 am	Eat This Not That
7	
8	
9	
10	
11	
12 pm	
1	Victories of Day
2	
3	
4	
5	
6	
7	
8	

exercise goals

6 am	
7	
8	
9	
10	
11	
12 pm	
1	
2	
3	
4	
5	
6	
7	
8	

Eat This Not That

_____

_____

_____

_____

_____

Victories of Day

_____

_____

_____

_____

_____

_____

_____

_____

exercise goals

_____

_____

_____

_____

_____

_____

6 am	Eat This Not That
7	
8	
9	
10	
11	
12 pm	
1	Victories of Day
2	
3	
4	
5	
6	
7	
8	

exercise goals

6 am	
7	
8	
9	
10	
11	
12 pm	
1	
2	
3	
4	
5	
6	
7	
8	

Eat This Not That

_____

_____

_____

_____

_____

Victories of Day

_____

_____

_____

_____

_____

_____

_____

_____

exercise goals

_____

_____

_____

6 am	Eat This Not That
7	
8	
9	
10	
11	
12 pm	
1	Victories of Day
2	
3	
4	
5	
6	
7	
8	

exercise goals

6 am	
7	
8	
9	
10	
11	
12 pm	
1	
2	
3	
4	
5	
6	
7	
8	

Eat This Not That

Victories of Day

exercise goals

6 am	Eat This Not That
7	
8	
9	
10	
11	
12 pm	
1	Victories of Day
2	
3	
4	
5	
6	
7	
8	

exercise goals

Time		Eat This Not That
6 am		
7		
8		
9		
10		
11		
12 pm		
1		Victories of Day
2		
3		
4		
5		
6		
7		
8		

exercise goals

Time		
6 am		**Eat This Not That**
7		
8		
9		
10		
11		
12 pm		
1		
2		**Victories of Day**
3		
4		
5		
6		
7		
8		

exercise goals

6 am	
7	
8	
9	
10	
11	
12 pm	
1	
2	
3	
4	
5	
6	
7	
8	

Eat This Not That

Victories of Day

exercise goals

Time	
6 am	
7	
8	
9	
10	
11	
12 pm	
1	
2	
3	
4	
5	
6	
7	
8	

Eat This Not That

Victories of Day

exercise goals

6 am	Eat This Not That
7	
8	
9	
10	
11	
12 pm	
1	
2	Victories of Day
3	
4	
5	
6	
7	
8	

exercise goals

6 am	Eat This Not That
7	
8	
9	
10	
11	
12 pm	
1	Victories of Day
2	
3	
4	
5	
6	
7	
8	

exercise goals

6 am	Eat This Not That
7	
8	
9	
10	
11	
12 pm	
1	Victories of Day
2	
3	
4	
5	
6	
7	
8	

exercise goals

6 am	Eat This Not That
7	
8	
9	
10	
11	
12 pm	
1	Victories of Day
2	
3	
4	
5	
6	
7	
8	

exercise goals

6 am	
7	
8	
9	
10	
11	
12 pm	
1	
2	
3	
4	
5	
6	
7	
8	

Eat This Not That

_____

_____

_____

_____

_____

Victories of Day

_____

_____

_____

_____

_____

_____

_____

exercise goals

_____

_____

_____

_____

_____

_____

Time		Eat This Not That
6 am		
7		
8		
9		
10		
11		
12 pm		
1		Victories of Day
2		
3		
4		
5		
6		
7		
8		

exercise goals

6 am	Eat This Not That
7	
8	
9	
10	
11	
12 pm	
1	Victories of Day
2	
3	
4	
5	
6	
7	
8	

exercise goals

6 am	Eat This Not That
7	
8	————————————
9	————————————
10	————————————
11	————————————
12 pm	
1	Victories of Day
2	————————————
3	————————————
4	————————————
5	————————————
6	————————————
7	————————————
8	————————————

exercise goals

———————————————

———————————————

———————————————

Time	
6 am	
7	
8	
9	
10	
11	
12 pm	
1	
2	
3	
4	
5	
6	
7	
8	

Eat This Not That

_____

_____

_____

_____

Victories of Day

_____

_____

_____

_____

_____

exercise goals

_____

_____

_____